AF234193

André ROSSIGNEUX

ALI LE MAMELUK

Extrait du *Bulletin de la Société des Sciences historiques et naturelles de l'Yonne*, 1er Semestre 1911.

AUXERRE

TYPOGRAPHIE ET LITHOGRAPHIE A. GALLOT, RUE DE PARIS, 47.

1912

ALI LE MAMELUK

Par M. André Rossigneux.

Le 3 mai 1856, à cinq heures du matin, mourait à Sens, promenade de l'Esplanade, un vieillard de 67 ans, Ali, second mameluk de Napoléon I⁰ʳ.

Le mameluk Ali ! les mots évoquent une « sorte de tamerlan féroce, un cavalier à moustaches noires, à peau bistrée, coiffé d'un turban, vêtu de veste et de jupe comme les janissaires du grand seigneur, sabrant l'air des grands moulinets de yatagan; ou tout au moins la sombre figure d'un de ces muets du sérail, exécuteurs de basses œuvres, rébarbatifs et implacables ».

La réalité était beaucoup plus prosaïque. Ali s'appelait Louis-Étienne Saint-Denis et était né à Versailles, le 22 septembre 1788 (1).

Son père était piqueur aux écuries du Roi et le destin voulut qu'il fut attaché à son tour, dès l'âge de 18 ans, en la même qualité à la maison de l'empereur Napoléon. Il figure sous le matricule 608 sur le registre du grand écuyer (2) et

(1) L'an mil sept cent quatre-vingt-huit, le vingt-deux septembre, Louis-Étienne, né de ce jour, fils d'Étienne Saint-Denis, piqueur aux écuries du Roi, et de Marie-Louise Notte, son épouse, a été baptisé par nous soussigné prêtre de la mission faisant les fonctions curiales, le parrain a été Jean-Louis Notte, ayeul maternel de l'enfant, et la marraine, Marie-Claude Marin, ayeule paternelle dudit enfant, laquelle a déclaré ne savoir signer, le parrain a signé avec le père.

Signé : Notte, Saint-Denis, Bassat, prêtre. (Registre des baptêmes de la paroisse Notre-Dame, 1788.)

Saint-Denis eut deux sœurs, Louise-Sophie, née le 29 décembre 1789, et Adélaïde-Louise, née le 16 mai 1791. (Registre des baptêmes de la paroisse Notre-Dame.)

(2) Arch. Nat., O⁵, 109.

entra, le 1er mai 1806, par la protection du grand écuyer duc de Vicence, aux équipages d'attelage de la maison en qualité d'élève piqueur. Saint-Denis fut envoyé en 1808 à Bayonne et en Espagne; en août de la même année, il accomplit le voyage d'Erfurth à la suite de l'Empereur et fut promu sous-piqueur le 13 octobre, après quoi il fut de nouveau dirigé sur l'Espagne.

En avril 1809, parti pour l'Allemagne à la suite de l'armée, il resta par ordre à Augsbourg jusqu'à la paix avec l'Autriche; de retour à Paris, il alla encore une fois en Espagne et séjourna à Burgos près d'un an, puis revint en France.

En septembre 1811, il fit le voyage de Hollande à la suite de Napoléon et, au mois de décembre, celui-ci voulut avoir un second mameluk; Roustan, gras et fatigué, pouvait tomber malade et l'Empereur chargea le grand écuyer de lui choisir dans ses écuries un jeune homme en état de faire le service : Saint-Denis fut désigné, présenté à l'Empereur qui l'agréa, et lui fit prendre le costume de mameluk. Saint-Denis reçut le nom d'Ali, en souvenir du second mameluk ramené d'Egypte avec Roustan qui avait été donné à Mme Bonaparte pour figurer entre ses chiens et ses perruches. Cet Ali, horriblement laid, était de plus fort méchant et sortait son poignard à tout propos. Quoique Joséphine fût pleine de bonté pour lui, ses violences orientales le firent envoyer comme garçon d'appartement d'abord à Laeken, puis à Fontainebleau (1).

Voilà donc le nouveau mameluk comme en réserve auprès d'une division de service, tandis que Roustan continue à servir la personne de l'Empereur. Il porte le pantalon rouge bouffant et les bottines jaunes, la ceinture blanche brodée, la veste verte brodée d'or, le turban de mousseline blanche à calotte rouge surmonté d'un croissant de cuivre et d'une aigrette, le poignard et le sabre turc (2).

En mai 1812, l'Empereur part pour Dresde avant d'entreprendre son gigantesque effort contre la Russie, Ali est du voyage; il suit son maître en Russie et assiste aux batailles de Witebsk, Smolensk et La Moskowa. Napoléon avait pris des habitudes de confort qu'il n'avait jamais eues jus-

---

(1) Frédéric Masson, *Napoléon chez lui*, page 65.
(2) Conf. le portrait de Roustan attribué à Gros (Musée de l'armée), tableaux de Girodet, de Gautherot.

qu'alors, voyageant en voiture, se montrant moins aux troupes (1).

A tous les combats, Ali se tient derrière lui portant le manteau et le frac de Sa Majesté et un flacon d'argent rempli d'eau-de-vie, moins pour l'usage particulier de l'Empereur, car le second mameluk ne lui en servit jamais, que pour donner aux blessés ou aux personnes de la suite. Lorsque l'Empereur veut observer quelque mouvement pendant l'action, Ali se place debout devant lui, le gros bout de la lorgnette appuyé sur son épaule (2) (sa petite taille le prédisposait naturellement à cette fonction). A Moscou, Ali fait avec Roustan et Constant le service de valet de chambre, il suit son maître pendant la retraite et part probablement de Smorgoni dans la même voiture que Constant qui suit l'Empereur à quelques jours de distance (3).

Pendant la première partie de la campagne de 1813, Ali reste en détachement à Mayence, il rejoint ensuite Napoléon à Neumark au commencement de juin et le suit à Dresde au palais Marcolini.

Après la reprise des hostilités interrompues par l'armistice de Pleswitz, il assiste aux combats de Buntzlau et Lœwenberg, à la bataille de Dresde et à celle de Leipzig. Après, c'est la retraite sur le Rhin.

(1) Lord Rosebery, *La dernière Phase*.

(2) Emmanuel de Las Cases, *Récit du retour des Cendres de Napoléon*, page 123; *Organisation de l'Equipage de Napoléon en 1812*, art. 14. (Carnet de la Sabretache, 1891.) Le page de service portait, en bandoulière, la lunette de Napoléon; sur le devant de sa selle, des sacoches contenant un mouchoir, une paire de gants et un petit assortiment de bureau : papiers, plumes, encre, crayon, compas, cire d'Espagne. Le mameluk de service avait également pour fonctions de charger les pistolets qui faisaient partie de l'équipement de tous les chevaux de selle de l'Empereur. Il devait les décharger le soir avec le tire-bourre, sous l'inspection du grand écuyer, en l'absence de l'écuyer de service. (Articles 13 et 38.)

(3) Napoléon partit de Smorgoni le 5 décembre, à 8 heures du soir; le convoi se composait de trois voitures et d'un traîneau. Dans la première voiture, un coupé de voyage, se trouvaient l'Empereur et Caulaincourt; le mameluk Roustan était assis sur le siège; dans la seconde, se placèrent Duroc et le comte Lobau; dans la troisième, Lefebvre-Desnouettes, colonel des chasseurs à cheval de la garde, un valet de chambre et deux valets de pied. Enfin, dans le traîneau, le comte Wonsowicz et le piqueur Amodru.

Napoléon quitte Mayence incognito, emmenant Roustan. Ali reste à Mayence, car l'Empereur compte bien reprendre l'offensive après avoir réuni une nouvelle armée; la ville ne tarde pas à être bloquée par les alliés, et ce n'est qu'au mois d'avril qu'on apprend l'entrée, à Paris, des armées étrangères et l'abdication de Fontainebleau.

Napoléon est parti pour l'île d'Elbe. Ali n'hésite pas à aller le rejoindre et arrive à Porto-Ferrajo au commencement de juin (le nouveau Gouvernement l'avait fait rayer du registre matricule des employés). Roustan, le premier mameluk, a abandonné son maître à Fontainebleau, Ali demeure seul mameluk et devient premier porte-arquebuse et premier chasseur aux appointements de 1.800 francs (1). Lorsque l'Empereur déchu fait occuper l'îlot de Pianosa, Ali est du voyage; on le charge de missions de confiance; c'est lui qui porte à Pons de l'Hérault, directeur des mines du Rio, une lettre confidentielle lui demandant un rapport sur les moyens d'organiser une flottille expéditionnaire (2). Napoléon songe, en effet, à rentrer en France pour reprendre le pouvoir; le 26 février 1815, Ali est embarqué sur le brick *l'Inconstant*; le 1ᵉʳ mars, on débarque au golfe Jouan. C'est alors la marche, presque fugitive jusqu'à Corps, triomphale de Grenoble à Paris; le 16 mars, Ali fait son service, à Avallon, à l'Hôtel de la Poste; le 17 et le 18, à Auxerre, à la Préfecture; le 19, à Pont-sur-Yonne, chez Mme Bertrand.

Pendant les Cent Jours, notre mameluk est aux Tuileries et à l'Elysée; il suit Napoléon pendant la courte campagne de Belgique, il assiste aux batailles de Ligny et de Waterloo « et au plus près », demeurant constamment derrière l'Empereur ainsi que son ami le chasseur Noverraz (3). Après la déroute, il rentre à l'Elysée, suit Napoléon à la Malmaison, puis à

(1) Peyrusse, *Mémorial et Archives*, page 243. A l'île d'Elbe, la chambre et la livrée se composaient de : 1° un premier valet de chambre (Marchand), à 2.400 francs; un second valet de chambre (Jaillis), à 2.000 fr.; un premier chasseur (Ali), à 1.800 fr.; un deuxième chasseur (Noverraz), à 1.500 fr.; un troisième chasseur (Archambault ou Gentilini), à 1.200 fr.; un garçon de garde-robe, deux huissiers, huit valets de pied, deux frotteurs, trois hommes de peine, un allumeur et un portier.

(2) Pons de l'Hérault, *Souvenirs de l'Ile d'Elbe* (Nouvelle Revue rétrospective), page 240.

(3) *Magasin Pittoresque*, 1840, récit de Noverraz.

Rochefort et à l'île d'Aix. Il est désigné pour aller en Amérique lorsque l'Empereur, vaincu, songe à s'embarquer sur un chasse-marée (1). Il accompagne son maître sur le *Northumberland* jusqu'à Plymouth et Torbay, puis sur le *Bellérophon*, résolu à ne pas abandonner Napoléon ; son dévouement le mène à Sainte-Hélène.

Il avait quitté le costume de mameluk pour prendre le costume des valets de chambre français ; habit en drap vert avec parements et collet enrichis de broderies d'or, gilet de casimir blanc, culotte noire et bas de soie (2) ; il semble, cependant, que l'on continua par habitude à l'appeler Ali au début de l'exil à Sainte-Hélène (3).

La maison domestique de l'Empereur se trouvait composée de onze personnes. Chambre : Marchand, premier valet de chambre ; Saint-Denis, valet de chambre ; Noverraz, valet de chambre ; Santini, huissier. Livrée : Archambault aîné, piqueur ; Archambault cadet, piqueur ; Gentilini, valet de pied. Bouche : le corse Cipriani (mort à Sainte-Hélène), maître d'hôtel ; Pierron, officier ; Lepage, cuisinier ; Rousseau de Fontainebleau, argentier (4). A Longwood, Napoléon, qui entend rester l' « Empereur », déploie toute l'étiquette des Tuileries, même lorsqu'il est seul avec ses compagnons de captivité. « A cette espèce de maison, composée de six à sept courtisans et de douze domestiques, il impose les règlements, les traditions et les apparences de sa maison impériale (5). »

Saint-Denis avait été spécialement chargé de la bibliothèque ; quand Napoléon voulait lire, il lui demandait de lui apporter le livre qu'il désirait (6) ; une de ses occupations habituelles était de mettre au net les dictées du captif ; tous les mémoires partis de Sainte-Hélène, à très peu d'exception près, sont écrits de sa main, et Montholon note que le 28 août 1816 Napoléon chargea le polonais Piontkowski de faire passer en Angleterre des copies de la lettre de protestation écrites par Saint-Denis sur des morceaux d'étoffe de soie.

En plus de ses fonctions de valet de chambre et de gardien des livres, Saint-Denis est de service à table dès que Napoléon

(1) *Journal de Gourgaud*, page 35.
(2) Frédéric Masson, page 65.
(3) Las Cases, *Mémorial*, Gourgaud, t. I, page 275.
(4) Las Cases, *Mémorial*, page 229.
(5) F. Masson, *Autour de Sainte-Hélène*.
(6) Gourgaud, tome I, page 558.

ne dîne pas dans son intérieur, lorsqu'au début de son ins-
tallation à Longwood, l'Empereur reçoit journellement un ou
deux officiers du 53ᵉ régiment et qu'il convie à dîner sir John
Bingham, le colonel du régiment; « c'était le plus superbe
dîner », écrivait plus tard Bingham encore frappé d'admira-
tion : Saint-Denis est en habit vert brodé d'or, en culotte de
soie noire, bas de soie blancs et souliers à boucle; on sert le
dîner dans de la vaisselle plate et il y a en abondance des
assiettes, soupières, plats et cloches à aigles. Au dessert, on
relève avec le service de Sèvres à vues de villes et de champs
de bataille, dit le service des quartiers généraux, et avec des
couverts en vermeil. Le café est servi dans des tasses à vues
d'Egypte dont les soucoupes représentent les portraits de
beys ou de notables égyptiens. « S'il y eut, par la suite, un
relâchement dans cette magnificence, le décorum resta pareil
et l'Empereur exigea la même étiquette de ceux qui l'appro-
chaient (1). »

Cependant Saint-Denis s'ennuyait, il avait 27 ans quand il
arriva à Sainte-Hélène et, le climat de l'île ne poussant pas
précisément au célibat (2), il épousa, le 16 octobre 1819, une
jeune Anglaise de 22 ans, Mary Hall, née à Birmingham le
5 décembre 1796, gouvernante de Mlle Hortense, fille du
grand maréchal Bertrand; il en eut une fille, née le 31 juillet
1820, qui fut tenue sur les fonts baptismaux par le comte
de Montholon et la comtesse Bertrand; l'Empereur se fit
apporter l'enfant, lui donna en présent « la plus belle de
ses chaînes d'or de la Chine » (3) en lui disant : « Puisses-tu
être aussi heureuse que tu promets d'être jolie (4). » Napoléon, pendant ses courtes promenades dans son jardin, se dé-
tournait fréquemment de sa promenade pour aller la ca-
resser.

Il est assez difficile de se rendre compte de l'attitude de
Napoléon avec son valet de chambre; Gourgaud note, dans son
journal, qu'il le bourrait (5); les actes de brutalité de l'Empereur avec ses domestiques n'étaient pas rares (6). Cepen-

(1) F. Masson, loc. cit.
(2) Consulter sur ce sujet F. Masson.
(3) Cette chaîne d'or est religieusement conservée par M. Fanche,
fils de la troisième fille de Saint-Denis.
(4) Journal de Gourgaud, p. 35, note.
(5) Page 275.
(6) En Egypte, il frappait à coups de cravache son écuyer Vi-

dant, nous devons signaler le passage suivant du *Mémorial* qui montre le prisonnier de Sainte-Hélène sous un aspect tout différent :

« Napoléon voulut revoir notre vallée du silence, abandonnée depuis longtemps; le passage était bouché par des broussailles mortes et une espèce de barrière faite pour arrêter le bétail. Le chasseur (le fidèle Ali) descendit, comme de coutume, pour nous ouvrir la route. Nous passâmes, mais le cheval du chasseur, pendant son opération, s'était éloigné de lui; quand il voulut le reprendre, il s'enfuit. Il avait beaucoup plu, il alla s'embourber dans un marécage. Le chasseur courut après nous pour nous dire qu'il demeurait pour débarrasser son cheval... Ce ne fut que quelque temps après que l'Empereur nous entendit redire entre nous l'accident du chasseur. Il gronda de ce que nous n'avions point attendu et voulut que le grand maréchal et le général Gourgaud retournassent vers lui. L'Empereur mit pied à terre pour les attendre, il avait la bride de son cheval passée autour du bras et se mit à siffler un air. Sur ces entrefaites, Bertrand et Gourgaud arrivèrent, ils aidèrent Napoléon à remonter à cheval. Ces messieurs avouaient, du reste, que, sans leur secours, le cheval n'eût jamais pu s'en retirer : les efforts réunis de tous les trois avaient à peine suffi. Assez longtemps après, l'Empereur observa que le chasseur n'avait pas suivi et dit qu'il eût fallu attendre de le savoir en état de continuer (ces Messieurs pensaient qu'il était demeuré pour nettoyer tant soit peu son cheval). Dans le cours de notre promenade, à plusieurs autres tournants, l'Empereur répéta la même observation. En arrivant à Longwood, sa première parole fut encore de demander si le chasseur était arrivé; il l'était depuis longtemps, étant revenu par une route différente. Dans cette sollicitude domestique, le lecteur aura peine à retrouver le monstre insensible, dur, méchant, cruel dont on l'a si souvent entretenu. » Il paraît que Saint-Denis ne tarissait pas sur l'inépuisable bonté, la douceur et la bonhomie de l'Em-

gogne; plus tard, il cravacha Jardin, son premier piqueur, et stimula de la même façon le zèle d'un cocher de Joséphine qui n'obéissait pas assez vite; à Posen, plus tard, autre coup de cravache à un écuyer. (Dr Cabanès, *Indiscrétions de l'Histoire*, III, 247.) Voir également les Mémoires de Roustan (*Revue rétrospective*, 1888). Témoignage du Dr Mestivier, *Indiscrétions de l'Histoire*, VI, 292.

pereur (1). La fin approchait. Saint-Denis veillait son maître
alternativement avec Marchand, Antommarchi, Montholon et
Bertrand (2), et assista à la mort le 5 mai 1821. Napoléon lui
laissait les legs suivants :

Testament du 15 avril, 6° Saint-Denis	100.000 »
Codicille du 16 avril, Saint-Denis	15.000 »
Codicille du 24 avril, 12, IV (sur les deux millions remis à Marie-Louise à Orléans en 1814)	25.000 »
Deuxième codicille du 24 avril 11, II, sur la liquidation de la liste civile d'Italie	10.000 »
	150.000 »

De plus, par l'état A joint au testament du 15 avril, l'Empereur laissait au gardien de ses livres 400 volumes choisis dans
sa bibliothèque « parmi ceux qui ont le plus servi à mon
usage ; je charge Saint-Denis de les garder et de les remettre
à mon fils quand il aura 16 ans ». Saint-Denis garda les volumes ; qu'en eût fait M. de Neipperg ?

Les funérailles de l'Empereur eurent lieu le 9 mai. Il fut
enterré avec les honneurs « dus à un général », toutes les
troupes anglaises rendaient les honneurs (4).

La petite colonie de Longwood quitta Sainte-Hélène le
27 mai 1821 sur le « *Camel Storeship* ». Saint-Denis alla
d'abord à Paris, puis à Sens où nous le retrouvons en 1827.
Peut-être se fixa-t-il dans cette ville en souvenir de son passage avec l'Empereur, le 19 mars 1815 ? Sa troisième fille (5),

(1) Pommiès de la Siboutie, *Souvenirs*.

(2) Antommarchi, *Derniers moments de Napoléon*, page 104.

(3) En quittant la France en 1815, Napoléon remit en dépôt sur
parole au banquier Laffitte la somme de quatre millions de
francs à l'aide de laquelle, plus tard, les clauses du testament de
l'Empereur purent être exécutées.

(4) Le musée de l'armée possède une curieuse lithographie
représentant les funérailles de Napoléon à Sainte-Hélène. C'est la
reproduction d'un dessin de V. Philippe fait d'après un croquis de
J.-F. Fielding, sous-officier de la garnison anglaise à Longwood.
Ce dessin fut montré à Bordeaux, le 28 août 1832, au général Bertrand, il le trouva si exact qu'il écrivit de sa main les désignations
des personnages. Saint-Denis y est représenté en avant et à gauche
du corbillard, coiffé d'un grand chapeau et revêtu du costume des
valets de chambre français.

(5) La seconde fille de Saint-Denis, née à Paris, mourut probablement jeune, car on n'a pas gardé de souvenirs d'elle à Sens.

Napoléone-Mathilde, y naquit le 14 décembre 1827. L'ancien mameluk demeura d'abord rue des Canettes, puis place de l'Esplanade au-dessus du café de la Comédie; une lettre adressée le 15 février 1828 à son ami M. Duval, au château de Bouges, par Sevroux (Indre), nous donne quelques détails sur son genre de vie : « Nous vivons plus retirés qu'à Paris : *dans les enfants comme nous sommes* (sic) et un bien-être très ordinaire, il nous serait difficile de faire autrement. Nous ne voyons que trois ou quatre personnes que nous visitons et qui nous visitent et rien de plus. Ici, quand on est lancé dans la société, même la plus ordinaire, il faut de la toilette et avoir à offrir assez souvent une table couverte des mets les plus recherchés, tout cela serait trop dispendieux pour nous qui avons *trois filles* (triple maladroit !) auxquelles il faut ménager des dots qui ne peuvent être prises que sur les économies... (1). »

Les souvenirs de l'Empereur ne cessèrent jamais de lui être chers : « Il fut mon maître et mon bienfaiteur, écrivait-il le 7 octobre 1847, c'est à lui que je dois tout ce que je possède sur la terre (2). » Pons de l'Hérault dit de lui, dans ses *Souvenirs de l'Ile d'Elbe* : « C'était un homme de fidélité et de dévouement. L'Empereur pouvait entièrement compter sur lui... Il a voué un culte de respect à la mémoire de celui qui, dans l'expression de sa dernière volonté, lui donna une preuve impérissable de son estime. » Saint-Denis jouissait à Sens d'une excellente considération: il ne se fit jamais de réclame avec ses souvenirs de l'épopée et n'alla pas, comme l'infidèle Roustan, s'exhiber dans les foires dans son costume de mameluk; il fut, jusqu'à sa mort, censeur de la Caisse d'épargne (4). Le docteur Poumiès de la Siboutie (5), qui fut longtemps le médecin de la famille Saint-Denis, raconte que l'ancien mameluk avait eu l'idée d'écrire jour par jour ce qu'il voyait et

(1) Communiquée par M. Félix Chandenier.

(2) *Revue rétrospective.*

(3) Roustan s'était retiré à Dourdan (Seine-et-Oise). Il passait pour fréquenter les blanchisseuses « plus que ne l'exigeait l'entretien de son linge » et alla plusieurs fois en Angleterre s'exhiber dans son costume du sacre. Lenôtre, *Vieilles Maisons, Vieux Papiers,* 1re série.

(4) Communication de M. le docteur Moreau.

(5) Dont les intéressants mémoires ont été publiés en 1909 dans la *Revue hebdomadaire,* par M. Joseph Durieux.

ce qu'il entendait. Son service l'appelant à chaque instant près de l'Empereur, il avait entendu de sa bouche bien des choses curieuses. Ce journal formait quatre gros cahiers dont l'écriture n'est pas mauvaise, mais qui, sous le rapport de l'orthographe et de la grammaire, laissent beaucoup à désirer. Poumiès de la Siboutie affirme les avoir parcourus. (Nous devons cependant remarquer que Saint-Denis prétendait n'avoir laissé aucune note (1). En voici un échantillon :

« Sire, qui dit Montholon, j'ai eu l'occasion de voir beaucoup les Anglais, de vivre au milieu d'eux et je puis vous dire qu'ils sont bons enfants tout de même. — Oui, qui dit l'Empereur, mais leur gouvernement ne vaut pas le diable et il savait bien ce qu'il faisait en me donnant pour geôlier la plus grande canaille de l'Angleterre. »

C'est dans ce style grotesque, « souvent expressif, toujours énergique », que ce journal aurait été écrit depuis 1801 jusqu'en 1821. « Il devenait surtout plus intéressant à partir de 1814 où le maître, plus rapproché du serviteur, avait moins de secrets pour lui (2). » M. Félix Chandenier, l'aimable érudit Sénonais, tient également d'un ancien ami de M. Fanche que Saint-Denis avait laissé des notes sur l'Empereur et sa vie, et que ces notes ne furent malheureusement pas conservées par ses gendres. Ces souvenirs sont-ils irrémédiablement perdus (3) ? Leur publication nous renseignerait mieux sur la vie intime de l'Empereur à Sainte-Hélène que tous les livres de Frédéric Masson, de lord Rosebery et de Frémeaux.

Son culte pour la mémoire de l'Empereur allait être récompensé; il fut désigné en 1840 pour assister, à Sainte-Hélène, à la translation des restes mortels de son maître.

Il s'embarqua pour Sainte-Hélène sur la *Belle-Poule* que commandait le prince de Joinville, se retrouvant en compa-

(1) Voir la *Revue rétrospective*, page 227. « Ma mémoire est fort mauvaise et *n'ayant tenu aucune note* de ce que j'ai pu voir et entendu pendant le temps passé au service de Napoléon, il ne me reste dans la tête que des faits généraux, et les détails dont je me souviens sont si vagues, si embrouillés, qu'il m'est de toute impossibilité de les tirer du chaos où ils sont perdus. » (Lettre de Saint-Denis.)

(2) *Souvenirs de Poumiès de la Siboutie.*

(3) Cette question a déjà été posée par le docteur Cabanès dans « *l'Intermédiaire des Chercheurs et Curieux* », du 20 septembre 1908.

gnie de Noverraz (1), de Pierron (2) et d'Archambault (3) (Mar-

(1) Noverraz, né dans le canton de Vaud, entra au service de l'Empereur en 1809, fut nommé courrier de cabinet en 1811 et a fait les campagnes de 1813 et 1814. A Fontainebleau, il fut choisi pour aller à l'île d'Elbe en qualité de chasseur, son service fut alors le même que celui de Saint-Denis. Il fit le voyage de Fréjus à Paris à la suite de Napoléon et était derrière lui à Waterloo, il a donné un récit de cette journée dans le *Magasin Pittoresque* de 1840. A bord du *Bellérophon*, il demanda à suivre son maître : « Je compte sur toi », répondit l'Empereur. Ce dernier lui légua 100.000 francs.

Il aurait pu entrer dans la maison de deux souverains étrangers, mais il remercia, disant qu'après avoir été un des hommes de confiance de l'Empereur, il ne devait plus servir.

(2) Maître d'hôtel de l'Empereur, entré dans sa maison en 1807. A fait en qualité de garçon d'office à 450 francs, le grand voyage de Hollande et toutes les campagnes, excepté celle de 1812. « Il comptait peu dans la hiérarchie de l'office qui comprenait un chef, deux sous-chefs, un chef aux distributions avec trois aides, un décorateur avec son aide et six garçons et il était l'avant-dernier de ces six; mais à Fontainebleau, en 1814, il se trouva le seul fidèle et il savait assez bien son métier pour être promu chef d'office à l'île d'Elbe et de rester aux Tuileries pendant les Cent Jours. A Sainte-Hélène, Pierron excellait dans tout ce qui relevait de l'office, entremets, sirops, desserts. En outre, il faisait le service de table et depuis la mort de Cipriani, était passé maître d'hôtel. Après le départ de Lepage et avant l'arrivée de Chandelier, il fit aussi fonction de cuisinier. Napoléon l'inscrivit pour 100.000 francs sur le testament, pour 15.000 sur le codicille du 16 avril, pour 25.000 sur le premier codicille du 24 avril et pour 10.000 sur le second codicille du même jour; ces deux derniers legs restèrent inexécutés. Pierron se trouva cependant dans l'aisance et se retira à Fontainebleau où il mourut après 1870, léguant à la bibliothèque de la ville quelques volumes venant de Longwood et un chapeau de l'Empereur. » F. Masson, *Autour de Sainte-Hélène.*

(3) Le piqueur Archambault était entré dans la maison de l'Empereur en 1805. En 1814, il sollicita, avec opiniâtreté, d'aller à l'île d'Elbe et l'obtint, il y fut nommé brigadier des valets de pied. Il fit en cette qualité la campagne de 1815. Le matin de Waterloo, c'est à lui que Saint-Denis confia les clefs de la voiture de l'Empereur et la voiture elle-même. Archambault ne put la sauver, mais au moins en emporta deux portefeuilles qu'il crut les plus précieux. Il suivit avec son frère l'Empereur à Sainte-Hélène et y commanda l'écurie en qualité de piqueur. Dans sa dernière maladie, l'Empereur, croyant qu'on lui changeait son eau, ordonna à Archambault d'aller la chercher lui-même, ce qu'il fit religieusement. Après la mort de

chand était à bord de la *Favorite*) (1); les anciens domestiques occupaient deux cabinets adossés à la chambre ardente qui devait recevoir le cercueil (2); le prince de Joinville, toujours bienveillant, s'informait de temps en temps s'ils se trouvaient bien, il leur fit dire qu'ils pourraient prendre des livres dans sa bibliothèque (3). Le 8 octobre au matin, après 70 jours de mer depuis le départ de Toulon, la frégate la *Belle-Poule* et la corvette la *Favorite* étaient en vue de Jamestown. Saint-Denis assista, le 15 octobre, à l'exhumation des restes de l'Empereur et il partagea le mouvement de surprise et d'attendrissement qui éclata parmi les spectateurs (4) lorsque l'Empereur lui-même apparut, les traits de la figure bien qu'altérés, parfaitement reconnaissables; il accompagna le char à quatre chevaux qui reçut le cercueil (5) et s'embarqua sur la *Belle-Poule* jusqu'à Cherbourg, puis sur la *Normandie*, enfin sur la *Dorade*, du Val de La Haye à Courbevoie. Il suivit le catafalque de Courbevoie aux Invalides dans un carrosse de deuil attelé de quatre chevaux qui conduisit la mission de Sainte-Hélène (6).

Saint-Denis rentra à Sens et fut certainement souvent questionné sur le spectacle grandiose auquel il venait d'assister. Peu après son retour, Mary Hall mourait le 4 octobre 1841 (7) à l'âge de 44 ans.

Le 12 avril 1842, la fille aînée de Saint-Denis, née à Sainte-Hélène, épousait M. Antoine-Alphonse Marin, propriétaire à Sens; la cadette, Napoléone-Mathide, ne devait épouser

l'Empereur « c'est moi, dit-il, qui ai tenu sa noble tête pendant qu'on la rasait pour la modeler ».

(1) Las Cases, page 15.

(2) Récits des grands jours de l'Histoire. *Le Retour des Cendres*, d'après des récits contemporains.

(3) Las Cases, page 122.

(4) Acte d'exhumation et de remise des restes de Napoléon; « sont entrés dans l'enceinte réservée autour du tombeau... MM. Saint-Denis, Noverraz, Archambault, Pierron, anciens serviteurs de l'Empereur » (signé Rohan-Chabot, commissaire du Roi, et L.-S. Alexander.)

(5) Quand le cercueil eut été placé sur le char, le tout fut recouvert d'un magnifique manteau impérial envoyé de Paris et dont les quatre coins furent tenus par Bertrand, Gourgaud, le baron de Las-Cases et Marchand.

(6) Fayot, *Historique de la Translation des cendres*.

(7) Voir l'appendice.

M. Panche (dont le fils vit encore à Hériey) que le 10 février 1857, près d'un an après la mort de son père. Le contrat fut passé par-devant M° Frottier et la cérémonie du mariage fut célébrée par l'abbé Chauveau, vicaire général de Monseigneur Mellon-Jolly, qui aimait à montrer deux beaux candélabres, présents de la future, qui figurent encore au trésor de l'église métropolitaine de Sens avec d'autres dons de cet ecclésiastique (1).

L'avènement du second Empire vint encore raviver les souvenirs de l'épopée impériale et Saint-Denis reçut la récompense que méritait son dévouement. L'Empereur « Premier » l'avait fait mameluk, Napoléon III le fit chevalier de la Légion d'honneur. Il lui fut probablement présenté à un de ses passages à Sens.

Saint-Denis mourut le 3 mai 1856, à l'âge de 67 ans; par testament olographe du 6 juillet 1855 (2), il avait légué au musée de Sens des reliques napoléoniennes qui ont aujourd'hui une valeur considérable (3). Ce sont :

Un habit d'uniforme de l'Empereur, la cocarde de l'un de ses chapeaux (4), un atlas des guerres des Gaulois et des Français en Italie, dressé par Lapie en 1805, un atlas classique et universel de géographie ancienne et moderne de Lapie, publié en 1811, une carte de l'île de Sainte-Hélène, un volume in-folio « *Tableau historique des campagnes d'Italie* », un volume in-8° « *Mémoires pour servir à l'Histoire de France en 1815* », œuvre personnelle de l'Empereur qui les avait dictés au général Gourgaud (5), deux volumes in-8° ayant pour titre « *Mémoires pour servir à l'histoire de la vie privée, du retour et du règne de Napoléon en 1815* », par Fleury de Chaboulon; ces volumes avaient appartenu à sir Hudson Lowe (6) et presque toutes les pages sont couvertes de notes et observa-

---

(1) Communication de M. Félix Chardenier.

(2) Voir l'appendice.

(3) Le peintre Gérôme avait payé, en 1891, 15,000 francs un des chapeaux de l'Empereur. Une page de *l'Histoire de la Corse* (œuvre de jeunesse de Napoléon) a atteint près de 16,000 francs à une vente.

(4) Le musée des Arts décoratifs en possède également une.

(5) Les volumes et les atlas portent des notes de la main de Napoléon.

(6) Testament de Saint-Denis.

tions de la main de l'Empereur (1) ; un morceau du cercueil dans lequel Napoléon avait été inhumé à Sainte-Hélène et du tronc d'un des saules qui ombrageaient sa tombe en 1840. M. Deligand, maire de Sens en 1859, a joint à ces souvenirs des cheveux de l'Empereur que Saint-Denis avait offerts le 15 décembre 1839 à son ami M. Alfred Lorne, qui les légua à la ville de Sens avec ses riches collections (2). L'habit légué au musée de Sens est le légendaire petit habit vert des chasseurs à cheval de la garde (3), mais il aurait importé de savoir comment Saint-Denis en prit possession. Les volumes font partie de ceux qui lui furent confiés suivant l'état A joint au testament en date du 15 avril 1821, mais nulle part aucun objet de la garde-robe ne lui fut confié. Comme l'a fait remarquer Frédéric Masson dans le *Carnet de la Sabretache*, le paragraphe 1ᵉʳ de l'état A est ainsi conçu : « Il ne sera vendu aucun des effets qui m'ont servi. Le surplus (c'est-à-dire ce qui n'a point été légué) sera partagé entre mes exécuteurs testamentaires et mes frères. » Or, dans « l'état du mobilier de S. M. l'Empereur Napoléon en sa maison de Longwood (île de Sainte-Hélène) au décès de Sa Majesté, le 5 mai 1821 », il ne se trouve que « deux uniformes de grenadier, un de chasseur et un de garde national ». Aux termes du codicille (état A), un habit de grenadier, un de chasseur, un de garde national sont réservés au Roi de Rome. Le second habit de grenadier est, par le sort du partage, attribué à Marchand. C'est celui qui a figuré sous le numéro 392 au musée des Souverains (dispersé par la Commune en 1871). « Marchand ayant été chargé de conserver le surplus des effets destinés au Roi de Rome, l'habit de chasseur désigné dans le testament fut, après la mort de Napoléon II, en juillet 1832, remis au général duc de Padoue, délégué de Madame Mère, et fut, en 1836, compris dans l'un des lots tirés au sort à cette époque entre les héritiers de l'Empereur. On est donc tenté de croire que l'habit que possédait Saint-Denis lui aurait été donné par l'Empereur à une date antérieure, peut-être parce

(1) Cet ouvrage a été réédité en 1904 par M. Cornot, sénateur, maire de Sens, avec les annotations manuscrites. (Paris Rouveyre).

(2) Deligand, « *Notice sur divers objets ayant appartenu à Napoléon Iᵉʳ et qui font partie du musée de la ville de Sens* ».

(3) Malheureusement, la couleur du drap a passé, et l'habit vert est aujourd'hui devenu bleu. Il offre une particularité, les boutons sont ronds et unis au lieu d'être ornés de l'aigle couronnée.

qu'il était hors d'usage. Cependant le fait qu'il est garni des épaulettes et de la plaque de la Légion d'honneur laisse des doutes qui ne pourraient être éclairés que par les descendants des filles de Saint-Denis (1).

Or, M. Fauche, fils de la troisième fille de Saint-Denis, Napoléone-Mathilde (celle que, dans l'intimité, son père appelait Napo), ne peut donner aucune indication sur le legs de son aïeul; il n'a conservé comme souvenir que la chaîne d'or qui fut donnée en cadeau par l'Empereur (2) et ne possède même pas un portrait de Saint-Denis que j'aurais voulu reproduire ici. Je suis donc forcé de renvoyer le lecteur au tableau de Steuben, popularisé par la gravure (3), en le priant de m'excuser de l'avoir si longtemps entretenu de la défroque impériale que l'on agite aujourd'hui constamment aux yeux du public, sans grand espoir, il est vrai, d'un « retour de l'île d'Elbe » quelconque.

PIÈCES JUSTIFICATIVES

—

I

EXTRAIT DU TESTAMENT DE L.-ÉTIENNE SAINT-DENIS (6 JUILLET 1855)

Les objets ci-après seront offerts à la ville de Sens : 1° L'habit de l'Empereur garni des épaulettes et de la plaque de la Légion d'honneur. Mes enfants feront faire une vitrine pour le contenir;

(1) F. Masson, *Carnet de la Sabretache*, 1902.

(2) Que sont donc devenus les livres, cartes annotées, la tabatière, les vêtements et le linge de corps provenant de Napoléon qui ne furent pas légués à la ville de Sens et que Mme Fauche avait conservés ? En jette des volumes confiés suivant l'état A joint au testament, Saint-Denis possédait des papiers relatifs à l'Empire. M. Navarre a actuellement, en sa possession, les comptes des illuminations au palais des Tuileries à l'occasion du baptême du Roi de Rome, du 15 août 1842, et du Te Deum en l'honneur de la victoire de la Moskowa.

(3) Saint-Denis y est présenté à gauche du lit de l'Empereur, derrière Marchand. Comme le premier valet de chambre, il est en habit bourgeois, avec l'air affligé qui convient à la circonstance.

2° La cocarde de l'un des chapeaux de l'Empereur; celle-ci sera mise sous verre dans un petit cadre;

3° Les deux livres de M. Fleury de Chaboulon (cet ouvrage, dont les marges sont couvertes de notes au crayon de la main de l'Empereur, avait appartenu à sir Hudson Lowe), et celui de la bataille de Waterloo. Cet exemplaire fut envoyé à l'Empereur par le docteur O. Méara). Sa Majesté en avait donné le manuscrit au docteur lors du départ de celui-ci pour l'Europe et l'avait chargé de le faire imprimer. Les quelques changements ou corrections écrits au crayon sont de la main de l'Empereur;

4° Les deux atlas; sur les cartes, il y a des tracés ou calculs au crayon qui sont de la main de l'Empereur. Pour faire ses dictées sur les campagnes d'Italie, il s'est fréquemment servi de l'atlas d'Italie. Cet ouvrage fut envoyé à l'imprimeur par Lady Holland;

5° Et enfin le morceau du cercueil de l'Empereur et le morceau du tronc de l'un des saules qui ombrageaient la tombe en 1840.

Je prie Mʳ Marin de se charger d'offrir ces différents objets pour qu'ils prennent place dans la bibliothèque-musée de la ville.

II

ACTE DE DÉCÈS DE SAINT-DENIS

L'an mil huit cent cinquante-six, le trois mai, à midi, devant nous, adjoint au Maire de Sens, faisant fonctions d'officier de l'état civil par délégation de M. le Maire, sont comparus Antoine-Alphonse Marin, âgé de 55 ans, propriétaire-cultivateur, gendre du défunt, et de Jean-Pierre Petipas, âgé de 38 ans, notaire, tous deux demeurant à Sens, lesquels nous ont déclaré que ce jourd'hui, à cinq heures du matin, est décédé, en cette ville, en son domicile, sur l'Esplanade, M. Louis-Étienne Saint-Denis, âgé de soixante-sept ans, propriétaire, chevalier de la Légion d'honneur, veuf de Mary Hall, né à Versailles, ladite Mary Hall, son épouse; fils de feu Étienne Saint-Denis et Marie-Louise Noite, son épouse. Décès légalement constaté. Et les déclarants ont signé le présent acte avec nous après lecture.

PETIPAS, DUBOIS, MARIN.

III

19 février 1857. Mariage de Charles-Louis-Léon Fanche, né à Héricy, le 12 août 1816, propriétaire à Fontainebleau, Grande-Rue, numéro 216, fils de Louis-Pierre Fanche, décédé à Fontainebleau le 12 mai 1843, et de Narcisse-Éloïse Jonet, son épouse, décédée à Étaples (Pas-de-Calais), le 21 septembre 1855, avec Mlle Napoléone-

Mathilde Saint-Denis, née à Sens, rue des Canettes, le 14 décembre 1827. Témoins de M. Fanche : Etienne-Antoine-Félix Jonet,
54 ans, receveur de l'enregistrement et des domaines, membre du
Conseil municipal de la Seine, demeurant à Paris, oncle maternel de
l'époux, et Amédée-André Fanche, 32 ans, receveur de l'enregistrement et des domaines à Méréville (Seine-et-Oise), frère de l'époux ;
témoins de Mlle Saint-Denis : Antoine-Alphonse Marin, son beau-
frère, et Jean-Baptiste Pierron, 56 ans, officier retraité, chevalier
de la Légion d'honneur, demeurant à Paris, son ami.

Le contrat a été passé par-devant Mᵉ Frottier, dont le succes-
seur est actuellement Mᵉ Marquiand.)